# NOTRE-DAME

# DE L'ÉPINE

ÉTAT DE LA QUESTION DES ORIGINES DE SON PÈLERINAGE

AU 1ᵉʳ AOUT 1904

TROISIÈME ET DERNIÈRE RÉPONSE A M. L'ABBÉ MISSET

### PAR M. L'ABBÉ PANNET

DOYEN DU CHAPITRE, VICAIRE GÉNÉRAL HONORAIRE DE CHALONS

CHALONS-SUR-MARNE

IMPRIMERIE MARTIN FRÈRES, PLACE DE LA RÉPUBLIQUE, 50.

AOUT 1904

# NOTRE-DAME DE L'ÉPINE

## IL N'Y A JAMAIS EU DE VICTORINS A L'ÉPINE

### TROISIÈME ET DERNIÈRE RÉPONSE A M. L'ABBÉ MISSET

# NOTRE-DAME DE L'ÉPINE

ÉTAT DE LA QUESTION DES ORIGINES DE SON PÈLERINAGE

AU 1ᵉʳ AOUT 1904

TROISIÈME ET DERNIÈRE RÉPONSE A M. L'ABBÉ MISSET

## PAR M. L'ABBÉ PANNET

DOYEN DU CHAPITRE, VICAIRE GÉNÉRAL HONORAIRE DE CHALONS

CHALONS-SUR-MARNE

IMPRIMERIE MARTIN FRÈRES, PLACE DE LA RÉPUBLIQUE, 50.

AOUT 1904

# PRÉFACE

## I

« Je n'ai pas voulu la guerre avec vous, nous dit
« M. Misset dans son *Prologue ;* c'est vous, qui l'avez
« voulue avec moi. Je cesserai quand vous cesserez. J'ai la
« prétention justifiée d'avoir étudié beaucoup plus que vous,
« les questions délicates sur lesquelles vous vous lancez en
« aveugle. Je ne me laisserai donc pas faire la leçon par vous.
« *Qui m'heurte, j'heurte*, dit en bon français une vieille
« devise champenoise, antérieure à l'invention de l'*h* aspirée.
« Je le regrette, Monsieur, mais vous m'avez *heurté*. »

Cela veut dire, si nous comprenons bien, que M. Misset a
le droit de nous attaquer, parce qu'*il sait*, et que nous n'avons
pas le droit de nous défendre, parce que *nous ne savons
pas*. D'où il résulte : 1° qu'aux yeux de M. Misset, les arguments n'ont de valeur que celle qu'ils tirent de leur auteur ;
2° qu'on essayant de détruire nos Traditions, il ne nous
*heurte* pas, puisqu'il use du droit souverain du *savant*.
C'est nous qui le *heurtons* en le réfutant, et qui lui donnons
le droit de nous *heurter* le dernier. Nous comprenons maintenant pourquoi, au lieu de nous répondre directement, il
réédite, pour nous *heurter*, ses affirmations hasardées et ses
inexactitudes (*euphémisme*), comme si nous ne les lui
avions pas signalées.

## II

« Dans votre *première Réponse*, au lieu de me donner
« la date et les témoins du miracle de l'Invention de la
« Statue, avec les textes qui en démontrent l'authenticité,
« vous m'avez riposté :

« — *Nous avons une Statue ; cette Statue est le corps
« du miracle ; cette Statue en est la preuve principale :*
« — et vous avez fait, du coup, dévier la seule, l'unique
« question, la question du miracle, sur une autre question
« infiniment moins importante, la question de l'authenticité
« d'une statue ! »

Nous prions le lecteur de vouloir bien consulter la *Table*
de notre *Première Réponse*. Il trouvera dans le Chapitre 1<sup>er</sup>
de la 1<sup>re</sup> partie tout ce que réclame M. Misset, qui semble en
effet ne l'avoir pas lu.

Il y trouvera en outre une *seconde* et une *troisième*
*parties* où nous réfutons tout le système qu'il voulait sub-
stituer à notre Tradition. Il a trouvé plus commode de
garder sur ces *deux parties* un silence prudent.

Mais il nous a donné le droit de dire que nous avons démontré la fausseté de son *Histoire du pèlerinage et du monu-*
*ment*, puisqu'il n'a rien répondu à notre défense de la Tradition, excepté sur la Statue, comme nous allons le voir.

## III

« Je vous ai suivi néanmoins sur ce terrain, et je vous ai
« démontré que votre Statue est fausse dans l'hypothèse d'un
« miracle, et que, même si votre Statue était vraie dans cette
« hypothèse, le miracle resterait à prouver. »

Nous n'avons nullement appelé M. Misset sur le *terrain*
*de la Statue*. C'est lui qui a circonscrit volontairement la
question sur ce terrain restreint : *Votre Statue est fausse*.

Il fait aujourd'hui de sa *Première Réponse* une analyse aussi incomplète qu'obscure, qui en change la physionomie.

Il semblerait qu'au lieu de chercher à prouver la fausseté de notre Statue, il nous aurait seulement demandé de nouvelles preuves du miracle de son *Invention*.

Nous n'avions plus rien à lui dire à ce sujet, à moins de nous répéter, puisqu'il n'a rien répondu aux arguments de notre *Première Réponse* sur ce point.

Nous n'avions plus à nous occuper que de l'objet de sa nouvelle brochure, c'est-à-dire de la Statue, et nous lui avons démontré que cette Statue n'est pas fausse et que, quand même il prouverait la fausseté de notre Statue, il ne s'en suivrait pas qu'une autre statue, disparue par suite d'un accident quelconque, n'a pas été trouvée dans un buisson lumineux, et par conséquent miraculeux. Que pouvions-nous dire de plus, à moins de lui donner cette réponse d'un pèlerin de bon sens :

« Quand je considère ce monument et quand je pense à
« l'endroit où il est élevé, et à ceux qui l'ont construit, je dis
« que sa construction se rattache nécessairement à un évène-
« ment surnaturel. Il ne peut pas s'expliquer autrement. »


## IV


« Vous avez simplement fait dévier une seconde fois la
« question, et vous vous êtes rejeté (votre Statue en pièces à
« la main) sur une question plus étrangère encore au miracle,
« sur la question de la présence à l'Epine des religieux vic-
« torins. »


Il y a dans ces quelques mots, une *Histoire* presque aussi fantaisiste que celle de l'*espinei* déposé, dans une promenade, sur le petit mont Horeb de l'Epine et produisant un pèlerinage.

Que M. Misset jette seulement un coup d'œil sur la *Table* de notre deuxième brochure, et il verra que, au lieu d'une statue en pièces, nous lui avons présenté une statue authen-

viij

tique, et restaurée dans des conditions qu'il n'osera plus critiquer (1).

Nous l'avons ensuite supplié, au nom de la paix et de l'union, p. 77, de mettre fin à une polémique regrettable, ou au moins de l'ajourner à des temps meilleurs.

Voilà la diversion, la seule diversion que nous avons essayé de faire. Mais nous ajoutions que dans le cas où il voudrait continuer à écrire, et dans ce cas seulement, nous le priions de répondre à ces deux questions :

*Les Chanoines réguliers de Toussaints étaient-ils victorins ? Qu'ont fait les Victorins à l'Epine ? p. 104.*

Nous avions encore, ce jour-là, la naïveté de croire qu'il serait sensible à notre appel si sérieusement motivé. Hélas ! toutes nos illusions sont tombées devant cette parole : *Je cesserai quand vous cesserez;* parole dont il nous a été donné de lire le sens intime dans deux des lettres, écrites et signées de sa main, qu'il sème sur les chemins par lesquels il sait que nous passerons.

« Leur ignorance est in-com-men-su-rable ! Cadart, Remy, « Pannet, Carrez, Lucot, Delarbre et *tutti quanti !* Oh ! les « ânes ! .... Si mulets soient-ils, ils n'auront pas le dernier « mot. Plus ils brairont, plus je crierai » (2).

---

(1) Nous avons dit que M. Misset n'a pas répondu directement à nos arguments. Cependant, dans un *Avant-propos* du 12 mai 1904, p. 5 et 6, sur lequel nous reviendrons, il a trouvé moyen de mettre à la charge de MM. Deniset, supérieur du Petit Séminaire, et Janel, supérieur de l'Institution Saint-Etienne, deux erreurs dont le poids le gênait. Nous n'admettons pas ces substitutions ; et M. Misset seul sera responsable à nos yeux, jusqu'à ce qu'il nous apporte, pour le mettre hors de cause, le témoignage écrit de ces deux honorables ecclésiastiques, qui protestent contre ses dires.

(2) M. Misset dit qu' « il nous suivra partout où il nous plaira de fuir. »

Aurait-il oublié la démarche qu'il a fait faire auprès de nous par un ami naïf, pour nous prévenir que, si nous nous permettions de lui répondre, il nous écraserait sous le poids de ses violences et de ses invectives ? Nous n'avons pas consenti à nous taire ; et il nous accuse de fuir !

En voilà plus qu'il n'en faut pour justifier notre silence, lorsque nous aurons fait voir que sa *deuxième Réponse* de juin 1904, *renferme tout autre chose que des vérilés*, et que, par conséquent, sa thèse n'a pas de base.

# CHAPITRE PREMIER DE M. MISSET

## Où il n'a pas prouvé que l'abbaye de Toussaints en l'Isle était une abbaye victorine.

---

### ARTICLE PREMIER.

#### Observations Générales.

### I.

Avant de commencer une nouvelle réfutation qui nous est pénible, nous exprimons le regret de ne pouvoir plus répondre à **M.** Misset qu'en lui parlant *franc et net.*

Le moment est venu d'appeler, sans hésitation, *un chat un chat, et Rollet, un fripon.*

Par ses excès de langage et d'appréciations, disons même, par ses diffamations, M. Misset nous a donné le droit de dire sans détour ce que l'on doit penser de sa polémique.

Sous prétexte que nous n'avons pas eu le temps d'étudier comme lui, il n'entend pas que nous le contre-disions.

Nous croyons, nous, pouvoir lire et traduire un texte aussi bien que lui, et nous le lui prouverons.

Poussé dans ses derniers retranchements par cette question inattendue : *L'abbaye de Toussaints a-t-elle jamais été victorine ; Les Victorins ont-ils jamais habité l'Epine ?* **M.** Misset, qui sent que le terrain se dérobe sous ses pas, a recours à deux moyens pour échapper à *l'effondrement*, à *l'écrasement* dont il a gratifié pompeusement et prématurément ses adversaires.

Il cherche à nous discréditer ; et il falsifie les faits et les textes. Il sait bien que tout le monde n'a pas le temps de vérifier ce qu'il dit, et que beaucoup le croiront sur parole

Nous avons été nous-même victime de notre confiance dans sa *probité scientifique,* et nous lui avons donné l'occasion de nous reprocher d'avoir, sur sa parole, admis la présence des Victorins à l'Epine — p. 9.

A l'aide de moyens que nos lecteurs apprécieront, il a composé trois preuves démontrant, selon lui, que les Chanoines réguliers de Toussaints étaient victorins.

Eh bien, ces trois preuves sont *mensongères !* Il faut que nous employions ce mot, parce que c'est le seul qui éveillera, nous l'espérons, l'attention de ceux qui croient encore à sa science ou à sa sincérité.

Faisons-le parler lui-même.

## II.

« M. le Chanoine Lucot a dit avec raison que l'abbaye
« de Toussaints était *du même ordre* que l'abbaye de Saint-
« Memmie ; or, je vous ai prouvé que l'abbaye de Saint-
« Memmie était victorine. Donc l'abbaye de Toussaints était
« aussi victorine.

« Si vous ne tirez pas cette conclusion avec moi, vous
« donnez *un outrageant démenti à M. Lucot.* »

M. Misset n'a pas prouvé que l'abbaye de Saint-Memmie était victorine, et nous sommes en mesure de lui prouver que cette abbaye et l'abbaye de Châtrices qu'il signalait aussi comme victorine en 1902, p. 23, n'ont jamais été affiliées à Saint-Victor. Mais nous nous sommes fait une loi de ne dire que ce qui est strictement nécessaire à notre thèse. Nous ne parlerons que de Toussaints. D'ailleurs l'abbaye de Saint-Memmie eut-elle été victorine, il ne s'en suivrait pas du tout que l'abbaye de Toussaints était aussi victorine, sous prétexte que les deux abbayes étaient du *même ordre.*

M. Misset ne peut pas ignorer que les Victorins ne constituaient pas, à eux seuls, un *ordre religieux* spécial, mais seulement une branche de *l'ordre* des Chanoines réguliers de Saint-Augustin (1). M. le Chanoine Lucot a donc pu dire très justement que les abbayes de Toussaints et de Saint-Memmie étaient *du même ordre de Saint-Augustin* sans penser à en faire des abbayes victorines, et nous ne lui donnons *aucun démenti* en disant que Toussaints n'était pas victorin, même dans l'hypothèse où Saint-Memmie aurait appartenu à la branche victorine de l'ordre de Saint-Augustin (2).

(1) Ces branches étaient assez nombreuses : nous pouvons en citer six :

Saint-Ruf, 1000 ; Arouaise, 1097 ; Saint-Quentin de Beauvais, 1078 ; Latran, 1300 ; Valvert-en-Brabant, 1339 ; Saint-Jean de Chartres, 1097. (*Histoire des ordres monastiques*, par Hélyot.)

(2) A juger une fois de plus de la bonne foi et de la modestie de M. Misset.

Il paraît heureux de s'appuyer sur le témoignage de M. le Chanoine Lucot dont il cite avec éloge l'opuscule sur la *Procession des Châsses à Châlons*. Mais encore se permet-il de lui donner une leçon ; et quelle leçon !

« Pourquoi faut-il, écrit-il en note, page 6, que je relève dans cet « ouvrage — page 83, note — une *affirmation* aussi erronée qu'amu-« sante sur la Relique du Saint-Lait....

« Vous nous dites qu'on appelait *Saint-Lait* « *la terre de la grotte de* « *Bethléem qu'on avait rapportée de Palestine.*

« *Je vous assure*, Monsieur, qu'à l'Epine, comme à Châlons, comme

## III

« Vous avez reconnu vous-même, ajoute-t-il, à plusieurs
« reprises, dans votre *Première Réponse*, que l'abbaye de
« Toussaints était victorine. »

Nous l'avons déjà dit : Nous avons d'abord cru M. Misset,
sur parole, lorsqu'il a affirmé que Toussaints était victorin,

« ailleurs, on appelait *Saint-Lait* ce qu'on estimait alors être du lait
« de la sainte Vierge. »

Or, voici ce que M. Misset a dû lire dans la *Procession des Châsses
à Châlons*, en une des notes de ce Mémoire :

« M. l'abbé Cerf, dans son travail intitulé : *Notice sur la relique de
« saint Lait, conservée autrefois dans la Cathédrale de Reims*, expose
« ce qu'il faut entendre par le lait de la Sainte Vierge : C'était,
« *paraît-il*, la poussière d'une grotte située non loin de Bethléem, où
« la Sainte Vierge s'était cachée, et avait allaité l'Enfant Jésus avant
« sa fuite en Egypte. » C'est tout.

Comment M. Misset a-t-il pu voir, dans le mot, *paraît-il*, une
*affirmation* ? M. Lucot n'a fait ici que citer M. Cerf, dont il se bornait
à donner l'opinion, partagée du reste par d'autres auteurs, sur cette
question du saint Lait. Et de quelle droit appelle-t-il cette prétendue
affirmation, aussi erronée qu'amusante ?

**Je vous assure** !... Sur quoi fonde-t-il cette assurance ? Nous n'a-
vons pas à faire ici l'histoire critique du *Saint Lait*. Mais puisqu'il
l'introduit avec autorité, nous avons le droit de lui demander ses
preuves.

« La preuve, dit-il, c'est qu'on chantait en l'honneur de cette re-
« lique : *Lactis quo fuit alitus, Deus noster humanitus, laus sancta
« frequentetur.* »

On célébrait par des chants le lait virginal de Marie en présence
du pieux souvenir qui en était comme le symbole. Donc, on considérait
ce souvenir comme le vrai lait qui a nourri l'Enfant Jésus! foi de
Misset !

Et voilà l'homme qui se fait le propagateur du culte du symbolisme !
Et il complète sa remontrance par un trait qu'il croit sans doute très
spirituel : « *Notre Seigneur n'a pas été, que je sache, nourri avec de
la terre !* »

Et il croit avoir découvert cette vérité qui avait échappé à M. Cerf, et tout en le réfutant sur d'autres points, nous avons accepté de confiance cette affirmation (1). Mais, peu à peu, nous nous sommes aperçu de sa tendance à affirmer sans prouver, et ainsi nous avons été amené à lui poser cette question : *L'abbaye de Toussaints a-t-elle jamais été victorine ?*

Et nous verrons qu'il ne peut pas en donner de preuves acceptables.

Il nous en présente trois que nous allons examiner.

à M. Lucot, à M. Puiseux, et surtout à *l'abbé Puiseux-posthume* dont il parlera aussi longtemps que des *Bonzes* du R. P. Carrez.

Nous le retrouvons aux prises avec M. Lucot à la page 77.

Il lui reproche de nouveau d'avoir fait adopter la date de 1419, comme date du miracle de l'Epine, et il affirme qu'il le sait par nous, avec ce détail que M. Lucot aurait dit avoir trouvé cette date dans un Manuscrit de Paris !

Nous avons déjà expliqué comment la date de 1419 pouvait se justifier très légitimement à l'époque où l'Office de l'Epine fut composé. Cela posé, nous donnons un démenti formel à tout ce qu'il vient de dire. Jamais, au grand jamais, nous n'avons entendu parler de ce *Manuscrit de Paris*.

Ajoutons que nous ne lui avons jamais dit ni écrit que le Chapitre II de l'abbé Puiseux a été *modifié dans le sens du miracle*. S'il a une lettre à ce sujet, qu'il la publie ; on n'y lira certainement pas une ligne qui raconte que *quelqu'un* a modifié le texte de M. Puiseux pour le rendre plus favorable à l'existence du miracle.

(1) D'autres que nous pourront regretter d'avoir accepté, sur parole, les affirmations de M. Misset. M. Fourier-Bonnard, qui vient de publier le premier volume de l'*Histoire de l'abbaye de Saint-Victor*, s'appuie sur le témoignage de M. Misset, dans une note, page 172, pour dire que Saint-Memmie, Vertus, Toussaints, Châtrices étaient des abbayes victorines, surtout Toussaints ; et il ne soupçonne guère que ces abbayes ne doivent ce titre qu'à une addition faite par M. Misset à la traduction du *Gallia christiana*, comme nous le verrons plus tard.

Ah ! nous comprenons maintenant pourquoi M. Misset revendique le monopole de l'érudition,.... sans contrôle !!!

# ARTICLE DEUXIÈME.



## I.

« Toussaints était très vraisemblablement réformé en
« 1128, dit M. Misset, et voici pourquoi :

« Le *Gallia Christiana* nous apprend qu'en 1128, la
« réforme de Saint-Victor fut introduite à l'abbaye de Saint-
« Martin d'Epernay. Et par le conseil de qui ? Par le conseil
« d'Eustache, abbé de Toussaints-en-l'Isle : *Eustachius, cujus*
« *consilio canonici regulares instituti sunt apud Sparna-*
« *cum.* Or, comment admettre qu'Eustache ait pu « conseil-
« ler » la réforme à Epernay sans que son abbaye, à lui, eût
« été préalablement réformée ?

« Comment admettre même qu'il n'eût pas adopté pour
« Châlons la réforme victorine qu'il préconisa pour Epernay ?
« Donc, conclut le *Gallia*, c'est très vraisemblablement sous
« l'abbé Eustache, très vraisemblablement avant 1128 que fut
« réformée, *par Saint-Victor*, l'abbaye de Toussaints. Notez
« que le *Gallia* n'émet pas le moindre doute sur le fait même
« de la réforme victorine. Il propose seulement, comme très
« vraisemblable, une date pour cette réforme qu'il placé sous
« l'abbé Eustache : *Hinc verisimillimum est, sub hoc abbate,*
« *reformatos fuisse canonicos insulanos.* Il ne dit pas,
« comme vous le lui faites dire, avec un contre-sens : *Réforme*
« *très vraisemblable*, mais *Réforme certaine*, sous l'abbé
« Eustache très vraisemblablement. »

Arrêtons-nous un instant, pour admirer à notre aise
cette perle d'érudition enchâssée dans les pages 21 et 22

de la deuxième Réponse de **M** Misset. Ecoutons-le :
C'est lui qui va nous présenter cette merveille de *science
médiévale*, qui constitue sa première preuve.

« Il est certain que l'abbaye de Toussaints était une
« abbaye victorine. *Le Gallia Christiana n'émet pas le
« moindre doute sur le fait même de la réforme victorine* de
« cette abbaye. Il est vrai qu'il serait difficile au *Gallia*
« d'émettre un doute sur cette réforme *victorine*, puisque
« nulle part, il n'en parle. Mais c'est un oubli que j'ai
« réparé, en ajoutant à son texte les mots *par Saint-
« Victor*, comme s'il les avait dits : *Hinc verisimillimum
« est, sub hoc abbate (Eustachio) reformatos fuisse* A SANCTO
« VICTORE *canonicos insulares.*

« Voilà donc *un fait acquis ! J'ai dit !* Je sais bien que
« *verisimillimum est* n'a pas la même signification que
« *certum est.* Mais je me connais en mot-à-mot, et
« j'affirme que *verisimillimum* ne s'applique pas à la
« *réforme* qui est certaine, mais à la date et au nom de
« l'abbé, qui ne sont que très vraisemblables. Il s'en
« suit, je l'avoue, que la réforme *n'a peut être* pas eu
« lieu *en 1128 sous l'abbé Eustache.* Ce n'est que très
« vraisemblable d'après le *Gallia.* Mais D'APRÈS MOI, il
« faut qu'elle ait eu lieu avant 1128, puisqu'en 1128, le
« 10 juin, les Chanoines réguliers de Saint-Martin
« d'Epernay ont été soumis *à la réforme de Saint-Victor
« sur les conseils d'Eustache. Or, comment admettre
« qu'Eustache ait pu* CONSEILLER *la réforme à Epernay, sans
« que son abbaye, à lui, eût été préalablement réformée ?
« Comment admettre même qu'il n'eût pas adopté pour
« Châlons la réforme* VICTORINE *qu'il préconisa pour
« Epernay ?*

« Ne me dites pas que ma conclusion est contestable,

« parce que le *Gallia* ne parle pas de Saint-Victor.
« Je vous ai dit que la *réforme victorine* de Toussaints
« est un *fait acquis.*

« Ne me dites pas surtout que les mots *instituti sunt* ne
« signifient pas : ont été *réformés*, mais *ont été établis* (1).
« *Vous vous lancez dans ces questions-là, en aveugle. Je*
« *ne me laisserai pas faire la leçon par vous.* (page 6.) »

Voilà toute la première preuve de M. Misset. Nous en
recommandons la force logique et la probité aux rédac-
teurs des différentes *Revues* dans lesquelles il a obtenu,
de confiance, l'insertion de *Comptes-rendus* élogieux pour
lui, et peu bienveillants pour nous.

## II

Il pourrait suffire de le réfuter par lui-même; mais à
son texte auquel il a ajouté *par Saint-Victor*, et à ses
conjectures habilement revêtues des formes de la certitude,
nous sommes en mesure d'opposer des *documents histori-
ques*, et de prouver que ni Toussaints, ni Epernay n'ont
été réformés par les Victorins.

Pour faire croire que Toussaints a été réformé *par
Saint-Victor* entre 1126 et 1128, nous avons vu que
M. Misset n'a pas reculé devant une interpolation. Ce
procédé est jugé (2).

(1) Nous lisons dans le *Gallia Christiana*, tome IX, p. 284 : *Ex ins-
trumento fundationis liquet non restitutos fuisse tunc temporis in
pristinam suam sedem canonicos regulares, sed constitutos, hoc est,
primùm collocatos.* Il s'agit des Chanoines réguliers de Saint-Martin
d'Epernay.

(2) Est-il même bien sûr qu'il y ait eu une réforme quelconque à
Toussaints, vers 1128 ? Le *Gallia Christiana* que cite M. Misset est
beaucoup moins affirmatif que lui.

En 1126, raconte-t-il, Saint Bernard appelle l'attention d'Ebale,

## III

Pour l'abbaye de Saint-Martin d'Epernay, nous avons des preuves certaines qu'elle n'a été ni établie, ni réformée par Saint-Victor. Voici ce que nous lisons dans le *Gallia Christiana*, t. XIII, p. 934, 1104, 1107, 1126 :

Il y avait à Toul une abbaye de Chanoines réguliers, dite de Saint-Léon de Toul.

Sa fondation remonte à 1091, dix-sept ans au moins avant la naissance des Victorins. Elle eut pour premier abbé Séhére, en 1094. Séhére vivait saintement dans la retraite avec quelques compagnons, dans les environs de Remiremont, sous la conduite d'un saint prêtre nommé Antenor.

Après la mort d'Antenor, Séhére lui succéda, et la

évèque de Châlons, sur la situation de l'abbé de Toussaints que ne voulaient pas reconnaître un certain nombre de chanoines, et il l'engage ou bien à le confirmer dans sa charge, s'il en est digne, ou bien à en faire nommer un autre.

Il y avait donc malaise dans l'abbaye de Toussaints, à l'occasion de l'abbé ; mais ce malaise réclamait-il une réforme du monastère ? Rien ne l'indique ; ce qui n'empêche pas M. Misset d'affirmer que la *réforme est certaine*.

Le *Gallia* dit que la lettre de Saint Bernard pouvait bien se rapporter à Eustache. *Ad eum (Eustachium) ni fallimur, spectat Epistola 58 Sancti Bernardi — Ni fallimur !* Il n'affirme pas.

Donc, doute sur l'identité d'Eustache et de l'abbé dont parle Saint Bernard ; doute sur la nature de la *réforme* réclamée par Saint Bernard ; et par conséquent doute sur la date où a eu lieu cette réforme qui semble ne concerner que l'abbé : ce qui amène cette conclusion de *Gallia* : *Hinc verisimillimum est sub hoc abbate (Eustachio) reformatos esse primum canonicos insulanos.*

Voilà pourtant le seul texte sur lequel M. Misset s'appuie pour affirmer qu'à cette époque, l'abbaye de Toussaints a été *réformée*, que la réforme a été opérée par les Victorins, et qu'Eustache a préconisé pour Epernay la réforme victorine qu'il avait adoptée pour Châlons !!!

petite communauté résolut de vivre sous la règle de Saint-Augustin.

C'est là qu'en 1091, Lutolphe, doyen de l'Eglise de Toul, qui avait bâti une église et un monastère à côté de cette ville, vint le chercher pour lui en confier le gouvernement.

Séhére, se rendant à la prière de Lutolphe, vint à Toul, au monastère *de Saint-Léon* dont il fut élu abbé par ses confrères. Il reçut la bénédiction abbatiale de l'évêque Pibon en 1094. Il mourut en 1128, l'année même où un de ses disciples, Foulques, fut appelé à la tête du monastère de Saint-Martin d'Epernay. Il nous semble que, malgré son habileté, M. Misset serait fort embarrassé pour *intercaler*, dans cette page d'histoire, une affiliation de l'abbaye de Saint-Léon de Toul à Saint-Victor.

Cependant, il a tenté l'aventure, dès 1902, page 25, en plaçant, parmi les abbayes réformées par Saint-Victor, l'abbaye de Saint-Léon de Toul, comme réformée avant 1128. Il lui eût été impossible d'en donner la preuve; nous lui donnons, nous, la preuve irréfutable du contraire.

IV

Mais, comment les Chanoines réguliers de Saint-Léon de Toul vinrent-ils à Epernay ?

On suivit, pour les appeler, les conseils de Saint Bernard, qui ne semble pas, hélas ! avoir pensé à donner la préférence à Saint-Victor.

Le monastère de Saint-Martin d'Epernay, nous dit M. Auguste Nicaise, dans son Histoire de l'abbaye de

Saint-Martin, t. 11, p. 2, portait le nom de Doyenné.
Il était occupé par des clercs qui avaient abandonné les
pratiques de la vie commune. Le comte Thibaut de
Champagne, désireux de rendre à cette maison sa
ferveur primitive, renonça à ses droits sur l'Eglise parois-
siale en faveur de ceux qui les remplaceraient. (Dom
Marlot, t. iii, de Reims, t. 3, p. 26). Rainald, archevêque
de Reims, demanda un chef capable de diriger le nouvel
établissement, à l'abbaye de Saint-Léon de Toul, et le
choix tomba sur un savant religieux nommé Foulques.

« Foulques, raconte le *Gallia Christiana*, t. IX, p. 284,
appelé à cause de la renommée de sa vertu, du monastère de Saint-Léon de Toul, en Lorraine, par Rainald,
archevêque de Reims, fut bénit solennellement dans
l'église métropolitaine de Reims devant l'autel de la
Sainte-Vierge. Il fut investi (de sa dignité d'abbé d'Epernay) en présence de Jossenus, évêque de Soissons, de
Saint Bernard, abbé de Clairvaux, d'Eustache, abbé de
Toussaints de Châlons, et du comte Thibaut. Il prit l'administration de l'Eglise d'Epernay l'an 1128. »

On s'explique facilement pourquoi l'abbé de Saint-
Léon de Toul n'était pas présent. Il était mort le 8 mars.
Mais, si sa maison eût été victorine, comment se fait-il
qu'aucun Victorin n'assistait à une si importante céré-
monie ?

Et Foulques ne vint pas seul à Epernay. Il amena, avec
lui, nous dit M. Auguste Nicaise, douze compagnons.
Le Révérend Père Claude du Molinet confirme ce que
nous venons de dire dans son ouvrage intitulé . *Des
différents habits des Chanoines réguliers* Il nous donne,
page 33, le costume des Chanoines réguliers de l'abbaye
de Saint-Victor de Paris, et page 61, le costume des

Chanoines réguliers de l'abbaye de Saint-Martin d'Epernay en Champagne. Or, ces deux costumes n'ont aucune ressemblance.

Nous citons là des documents que M. Misset ne peut
pas ignorer. Comment donc a-t-il pu dire, p. 11, que
la *réforme de Saint-Victor* a été introduite en 1128, à
l'abbaye de Saint-Martin d'Epernay, par le conseil
d'Eustache ? Et dès lors qu'Epernay n'a pas été réformé
par Saint Victor, comment a-t-il pu dire que la réforme
victorine de Châlons avait amené, grâce aux conseils
d'Eustache, la réforme victorine d'Epernay ?

Si nous voulions imiter ses procédés, nous pourrions
nous emparer de son raisonnement, comme d'un argument *ad hominem*, et lui dire : « En 1128, l'abbaye
« de Saint-Martin d'Epernay fut réformée par les Cha-
« noines réguliers de Toul sur le conseil d'Eustache,
« abbé de Toussaints. Or, comment admettre qu'Eus-
« tache n'eût pas adopté préalablement pour Châlons
« la réforme de Toul qu'il préconisa pour Epernay ?
« Donc, c'est très vraisemblablement sous Eustache
« que fut réformée l'abbaye de Toussaints, par les
« *Chanoines réguliers de Saint-Léon de Toul !!!*

Mais à quoi bon retourner le fer dans la plaie d'un
adversaire désarmé ? Terminons la discussion par cette
réflexion.

## V.

La première preuve que l'abbaye de Toussaints était
victorine repose principalement sur un texte falsifié.
Elle n'a donc aucune valeur, disons même qu'elle est
malheureuse.

Voilà où on aboutit, quand, de parti pris, on veut faire de *l'histoire* avec des conjectures, des hypothèses et des *traductions libres.*

Quel dommage que **M.** Misset ne veuille pas se laisser faire la leçon par nous ! (p. 6.)

Nous aurions eu une si belle occasion de l'engager à se défier de l'influence de son imagination impétueuse sur son jugement, comme nous le faisions paternellement il y a quarante ans.

Mais chut ! ... il gardera le silence sur cette preuve *fantaisiste,* comme il le garde sur plus de vingt *erreurs* que nous lui avons signalées dans notre deuxième réponse, et dont il ne parle que pour les reproduire, au lieu de les rétracter. Il fera une pirouette en jetant à son adversaire un paquet d'injures ou de railleries, et en amusant les rieurs par une digression étrangère au sujet.

Il lui restera d'ailleurs encore deux preuves que l'abbaye de Toussaints était victorine. C'est plus qu'il n'en faut, si elles sont bonnes. Examinons la seconde.

## ARTICLE III.



RÉFUTATION DE LA DEUXIÈME PREUVE DE M. MISSET.


I


« En 1340, eut lieu, dans l'abbaye victorine de Senlis, sous
« la présidence d'Aubert de Mailly, abbé de Saint-Victor, une
« réunion de tous les abbés réguliers des provinces ecclésias-
« tiques de Reims et de Sens.

« Aubert de Mailly était chargé d'y promulguer la Bulle
« pontificale *Ad decorem Ecclesiæ*.

« Or, parmi les abbés qui assistaient à cette réunion
« annuelle fixée par les abbés victorins au 4ᵉ dimanche
« après Pâques, se trouvait l'abbé de Toussaints de Châlons
« avec ceux de Saint-Memmie et de Vertus, etc. ; donc les
« abbayes de Toussaints de Châlons, de Saint-Memmie et de
« Vertus étaient victorines. »

S'il est vrai que l'assemblée de Senlis en 1340,
était une assemblée *purement victorine*, la conclusion de
M. Misset est rigoureuse ; mais elle devient fausse et
caduque, si nous pouvons démontrer que c'était, pour
nous servir des expressions de M. Misset lui-même,
une réunion « de tous les abbés réguliers des provinces ecclésiastiques de Reims et de Sens, p. 12 » ; et
c'est cette démonstration que nous allons faire.

Qu'était-ce, en effet, que cette assemblée de 1340 ?
Elle avait pour objet principal la promulgation de la
Bulle de Benoit XII *Ad decorem Ecclesiæ*.

Benoit XII, ancien religieux de Cluny, monté sur le trône pontifical le 20 décembre 1334, avait entrepris la réforme des Ordres religieux. Il avait commencé par les Cisterciens ; il s'occupa ensuite des Bénédictins ; puis des Frères-mineurs ou religieux de Saint-François ; et enfin il publia la Bulle *Ad decorem Ecclesiæ* pour la réforme des Chanoines réguliers de Saint-Augustin ; *quocumque nomine censeantur aut nuncupentur, sive prænominati exempti, sive non exempti existant.* (Bulle *Ad decorem*, § 9, p. 200 du Bullaire.)

On a bien lu : *quocumque nomine censeantur.* Il ne s'agit donc pas seulement des Victorins, mais de tous les groupes canoniaux, indépendants ou soumis aux évêques, ou formant des centres plus ou moins célèbres comme Saint-Ruf, Arouaise, Saint-Victor et autres, ainsi que le porte, en toutes lettres, l'intitulé de la Bulle : *Constitutio totius ordinis Canonicorum regularium sancti Augustini.* (Bull. Rom. 1638, t. I, p. 199.)

Cette Bulle règle, en particulier, la teneur des assemblées provinciales auxquelles sont tenus d'assister par leurs représentants, toutes les maisons de Chanoines réguliers. Elle établit, en France, six provinces pour les chapitres provinciaux. Les provinces ecclésiastiques de Reims et de Sens, dont l'Evêché de Paris faisait partie, formaient une province de Chanoines réguliers.

Pour promulguer la Bulle *Ad decorem*, le Souverain Pontife désigna Aubert de Mailly, abbé de Saint-Victor, et Adam de Villeneuve, abbé de Saint-Denys de Reims. Ecoutons sur ce point le *Gallia Christiana.*

« Le Pape Benoit XII adressa la Constitution des « Chanoines réguliers, (*ad decorem*) à Adam de Villeneuve « et à Aubert de Mailly, abbé de Saint-Victor ; et

« ceux-ci la promulguèrent en 1340, dans une assemblée
« des deux provinces de Reims et de Sens qui se tint à
« Saint-Vincent de Senlis. *Hinc (Adamo de Villanovâ,*
« *et Auberto de Malliaco, sancti Victoris abbati, Benedictus*
« *XII, papa, direxit constitutiones canonicorun regularium,*
« *quas in conventu abbatum utriusque provinciæ Remensis*
« *et Senonensis apud sanctum Vincentium Sylvanectensem*
« *habito, promulgarunt, anno 1340.* »

C'est donc à Senlis qu'eut lieu l'assemblée provinciale
des abbés des chanoines réguliers de l'ordre tout entier,
*totius ordinis canonicorum regularium abbates*, pour les
provinces de Reims et de Sens. Il s'y trouva, dit le père
Hélyot, t. II, p. 201, 63 abbés et 6 prieurs. Ce chiffre
à lui seul montre que ce n'était pas une assemblée
exclusivement victorine, car il ne pouvait pas y avoir
69 monastères victorins dans les seules provinces
ecclésiastiques de Reims et de Sens, puisque, d'après
du Molinet, p. 36-1666, dans sa plus grande prospérité,
Saint-Victor ne comptait que 34 abbayes dans toute la
France.

Et ce n'est pas comme abbé de Saint-Victor qu'Aubert
de Mailly présida l'assemblée : c'est comme *délégué* du
Souverain Pontife, *Commissarius apostolicus*, chargé de
donner à l'assemblée, connaissance de la Bulle dont il
était porteur : *Constitutionum lator.*

Ce fut certainement un grand honneur pour les
Chanoines réguliers de Saint-Victor, que le choix fait par
le Pape de leur abbé comme son *délégué* pour la province ecclésiastique de Sens Mais il ne faut pas oublier
que Benoit XII lui adjoignit Adam de Villeneuve, abbé
de l'abbaye de Saint-Denys de Reims, pour la province
ecclésiastique de ce nom : ce qui montre le soin qu'il

prit de donner aussi une marque de confiance et d'estime aux autres branches des Chanoines réguliers et aux abbayes indépendantes ou soumises aux évêques, comme l'abbaye de Saint-Denys de Reims ; car l'abbaye de Saint-Denys de Reims n'était pas victorine. Nous savons par du Molinet que le costume de ses religieux n'était pas le même que le costume de Saint-Victor ; et à l'époque dont nous parlons, nous voyons les abbés Gilles de Hainaut et *Adam de Villeneuve* prêter serment d'obéissance aux autorités ecclésiastiques de Reims : ce qu'ils n'auraient pas fait, s'ils avaient été victorins.

Il est vrai qu'au 12e siècle, l'abbaye de Saint-Denys avait eu pour abbé un religieux nommé Odon qui avait été sous-prieur à Saint-Victor : mais ce ne fut là qu'un fait isolé et personnel dont tous les ordres religieux ont donné des exemples, en accordant à un monastère trop pauvre en sujets, un dignitaire de leur maison, sans pour cela s'affilier ce monastère.

Il résulte de ce que nous venons de dire que la présence de l'abbé de Toussaints à la réunion de Senlis ne prouve nullement que son abbaye était victorine. Bien plus ; l'abbaye de Senlis elle-même n'était plus victorine en 1340. A l'exemple de plusieurs autres, elle avait rompu le pacte de 1139 qui l'unissait à Saint-Victor, comme nous l'apprend M. Fourier-Bonnard, p. 328.

M. Misset ne peut pas l'ignorer. Il ne peut pas ignorer que, dans les autres provinces de Chanoines réguliers, par exemple, à Rouen, il y avait des Victorins dans l'assemblée prescrite pour la promulgation de la Bulle. Est-ce que ces Victorins ne seraient pas venus à Senlis, s'il y avait eu dans cette ville une assemblée générale exclusivement victorine ?

Ajoutons que dans la liste des abbés présents à Senlis, on lit le nom de l'abbé de Saint-Nicolas d'Arouaise. Or, il est certain que les religieux d'Arouaise n'étaient pas victorins, puisqu'ils formaient eux-mêmes une branche spéciale de l'Ordre des Chanoines réguliers.

## II

« Aubert de Mailly enjoignit aux membres de l'assemblée
« de Senlis, (ce qui est très important au point de vue du
« symbolisme) d'avoir désormais à se conformer, pour le
« rite de la messe, aux usages liturgiques de Saint-Victor. »
p. 12.

Ainsi présenté, l'ordre de se conformer, pour le rite de la messe, aux usages liturgiques de Saint-Victor, paraît être une prescription imposée par Aubert de Mailly aux monastères victorins dont Toussaints aurait fait partie.

Il n'en est rien.

Le document des annales de Saint-Victor, auquel nous renvoie M. Misset lui-même, nous apprend que, *par ordre du Pape*, l'abbé de Saint-Victor avait été chargé de déclarer obligatoire pour tous les Chanoines réguliers, le cérémonial de Saint-Victor concernant la célébration du saint Sacrifice. C'est à titre de *commissarius apostolicus* qu'il accomplit cette mission, comme il a accompli celle de promulguer la Bulle, en vue d'établir, pour la célébration de la sainte messe, l'uniformité que Benoit XII voulait faire régner dans toutes les branches de l'ordre.

*Præterea,* lisons-nous dans cette pièce, *in eodem Capitulo provinciali, Aubertus, Abbas Sancti Victoris,* EX SPECIALI PONTIFICIO SIBI FACTO RESCRIPTO, *præcepit universis prælatis ejusdem ordinis, ut uniformes essent ritui abbatiæ Sancti Victoris Parisiensis, in missæ sacrificio celebrando*.... Et nous voyons un peu plus loin, qu'en 1517, on interprétait comme nous venons de le faire, la décision relative au cérémonial de la messe ; car dans une supplique adressée à l'Evêque de Paris, il est dit :

*Missa juxtà ritum sancti Victoris est à summo Pontifice Benedicto XII approbata, ejusdemque summi Pontificis rescripto abbati Sancti Victoris demandata ; ut eam executioni daret in Capitulo provinciali celebrato apud sanctum Vincentium Sylvanactem, anno Domini 1340 ; in quo etiam comparuerunt prælati generalis Capituli de Arrosiâ, juxtà Atrebatum.*

Le choix que fit le Pape du cérémonial de Saint-Victor, est un éclatant hommage rendu à cette abbaye ; mais encore une fois, il ne s'en suit nullement que tous les abbés présents étaient victorins, et nous avons prouvé le contraire.

On peut même d're que la prescription eût été inutile si elle ne s'était adressée qu'aux victorins, puisqu'elle n'aurait eu pour but que de leur prescrire de célébrer la sainte messe comme ils le faisaient déjà.

III

Mais M. Misset insiste, p. 14, dans la note suivante :

« En l'année 1355, au chapître provincial de Reims et de « Sens, tenu à Meaux, dans l'abbaye victorine de Sainte- « Marie de Chaage, *Beatæ Mariæ de Cagia*, l'abbé victorin « de Vertus fut nommé visiteur de l'abbé et de l'abbaye « victorine d'Essommes : *Abbas de Virtuto abbatem et mo- « nasterium de Essomiis visitabit.* L'abbé victorin de Saint-

« Denys de Reims fut chargé de visiter les abbayes victo-
« rines de Châlons et de Reims, soit Saint-Memmie, Tous-
« saints, Vertus, Epernay : *Abbas sancti Dionysii Rhe-*
« *mensis Cathalaunensem et Rhemensem diœceses visi-*
« *tabit.* — Bibl. Nat. Manuscrit victorin, 14.376. fonds
« latin, page 14 verso.

« On voit quelles relations existaient alors entre toutes
« ces abbayes victorines. » p. 14.

Le mot *victorin* est répété bien souvent dans cette
note ; mais ce n'est pas le procès-verbal du Chapitre
provincial de 1355 qui le répète ainsi : c'est M. Misset
qui crée, d'un trait de plume, les abbés *victorins* et les
abbayes *victorines* dont il a besoin.

Comment, par exemple, reconnaître quatre abbayes
*victorines*, savoir : Saint-Memmie, Toussaints, Vertus et
Epernay, dans cette phrase : *Abbas sancti Dionysii Rhe-*
*mensis Cathalaunensem et Rhemensem diœceses visitabit?*

Il est évident que, par *diocèses*, il faut entendre les
*abbayes de Chanoines réguliers des deux diocèses.*

Mais où est-il question de *victorins* dans ce texte ? De
quel droit M. Misset l'applique-t-il exclusivement aux
victorins ?

Comment arrive-t-il à traduire *Cathalaunensem et*
*Remensem diœceses*, par *Abbayes victorines de Châlons et*
*de Reims ?*

De quel droit se croit-il autorisé à dire que les abbayes
des diocèses de Châlons et de Reims que doit visiter
l'abbé de Saint-Denys, sont Saint-Memmie, *Toussaints*,
Vertus, Epernay ? Pourquoi ces abbayes plutôt que les
autres puisqu'elles ne sont pas nommées ? Pourquoi
*Toussaints ?* Et surtout pourquoi accoler à toutes ces
abbayes le nom de *victorines* ?

Et avec sa désinvolture ordinaire, il couronne cette nouvelle *supercherie* — ce mot lui est familier — par cette conclusion : « On voit quelles relations existaient alors « entre toutes les abbayes *victorines !!!* » Et encore :

« Vous m'avez demandé une preuve, *pas trop sa-* « *vante, un texte comme les donnent les historiens ordi-* « *naires.* Voilà »

Non, Monsieur Misset, votre preuve ne ressemble pas à *celles que donnent les historiens ordinaires.* Les historiens *racontent ;* ils *n'inventent pas.* Ils citent les textes ; ils n'en altèrent pas le sens.

Votre deuxième preuve ressemble à une pièce fausse qui n'a pas cours. Elle ne vaut rien. Nous vous la laissons pour compte, et nous passons à la troisième.

## ARTICLE IV.



RÉFUTATION DE LA TROISIÈME PREUVE DE M. MISSET. (1)

### I.

Cette preuve s'appuie sur une lettre de Geoffroy, évêque de Châlons, à l'évêque de Paris, Estienne.

« S'il y eut au Diocèse de Châlons une abbaye où la ré-

(1) M. Misset a dédié, d'un ton railleur, cette troisième preuve au R. P. Carrez contre lequel il renouvelle sans cesse ses attaques.

A ses yeux, tout est bon contre ce vénérable prêtre envers lequel l'honneur lui prescrivait de respecter la vérité, et d'agir en homme bien élevé.

Mais il est insensible à ces délicatesses, et il nous reproche de ne pas l'imiter ! p. 19.

Il le croit désarmé ! malgré cela, il en a peur :

« C'est un homme, se dit-il, très au courant de la question de l'Épine
« et de Toussaints. Mais il m'est défavorable ; il faut le discréditer, et
« faire croire qu'il n'y connaît rien. Pour le rendre odieux et ridicule,
« j'ai dit qu'il a traité de *bonzes* MM. Gaston Paris et Léopold Delisles.
« Il le nie, et je sais bien qu'il a raison ; mais je maintiens mon accu-
« sation quand même. Il est assidu aux archives, et j'ai dit rageuse-
« ment qu'il n'y découvre que des niaiseries. Mais je sais bien qu'il
« y trouve la condamnation de ma thèse. C'est un homme dangereux. »

« C'est lui qui documente M. Pannet. C'est lui qui a envoyé aux
« *Etudes* un article élogieux sur sa première réponse. Cela ne doit pas
« être. Personne n'a le droit de n'être pas de mon avis.

« Il est vrai que j'ai commis plusieurs bévues à son sujet. On en
« compte jusqu'à 16. J'ai dit par exemple qu'il n'avait pas connu
« M. Puiseux ; et il a vécu sept ans avec lui ! Ce n'était pas parler en
« *critique*. Mais je ferai le silence là-dessus, et avec le temps tout
« s'oubliera.

« C'est lui, sans doute, qui a découvert qu'il n'y a jamais eu de
« victorins à Toussaints, à Melette, à l'Épine. Comment pourrai-je me
« tirer d'affaire ? Il faut lui enlever son autorité. Tapons sur lui.
« Payons d'audace ! *Audaces fortuna juvat.* »

« forme victorine fut jamais appelée à cor et à cri, une
« abbaye où elle fut jamais accueillie à bras ouverts, ce fut
« certainement l'abbaye de Notre-Dame de Vertus.

« Jugez-en par cette curieuse lettre qui remonte aux envi-
« rons de 1132 :

Frater et amicus noster, abbas Virtuensis et fratres ejus
loci vocaverunt nos, multo religionis desiderio, Deo gratias,
accensi, unanimiter postulantes ut, ad honorem Dei et
salutem animarum suarum, pastorem eis utilem sollicitudo
nostra provideret. Curam et administrationem abbas ipse in
manu nostra deposuit. Una fuit capituli illius vox, unanimis
in præsentia nostra consensus et electio, ut pater eis con-
cederetur de monasterio Sancti-Victoris Parisiensis. Quia
vero domus illius religiosas personas non cognoverunt ex
nomine, nullam quœsierunt; sed sanctitatis vestræ religioni
curam hanc et sollicitudinem commiserunt. Locus enim ille
est vobis familiaris et religio personarum. Sanctitatis igitur
vestræ prudentiæ, quâ possumus humilitate supplicamus, ut
justo desiderio consilii et auxilii manum porrigatis. Suscipient
enim cum gratiarum actione personam quam de prædicto
B. Victoris monasterio electio vestra eis obtulerit.

*Gall christ. nov. IX, page* 954-955.

Nous étonnerons grandement nos lecteurs en leur
disant, que la réforme victorine ne fut jamais appelée
*à cor et à cri* et ne fut jamais *accueillie à bras ouverts,* dans
l'abbaye de Notre-Dame de Vertus.

C'est pourtant vrai ; et s'ils veulent lire avec nous la
lettre de l'évêque Geoffroy, ils en seront bientôt con-
vaincus.

1° Pour montrer la nécessité de sa *réforme victorine,*
M. Misset commence par nous présenter les moines de
Vertus comme *enflammés du plus vif désir d'embrasser la
réforme régulière.* La lettre épiscopale ne dit pas cela.

Elle dit tout simplement que les moines étaient *en-flammés d'un grand désir de perfection religieuse : multo religionis desiderio accensi*. Cela s'appelle un *contre-sens* intéressé. Osera-t-il encore reprocher des contre-sens aux autres ?

2° Mais, s'ils avaient un si grand désir de perfection religieuse, cela prouve-t-il qu'ils ne la pratiquaient pas et qu'ils avaient besoin d'être réformés ?

Non pas, à notre avis. Le désir ardent de la perfection n'est pas le fait d'une communauté déchue.

L'évêque qui est allé lui-même se rendre compte de la situation, ne leur fait aucun reproche. Il trouve un abbé qui remet sa démission entre ses mains, soit à cause de son âge, soit pour ne plus avoir la responsabilité de l'administration abbatiale. Mais des désordres, des dis-sentiments, du relâchement même, on n'en voit pas trace.

Lorsqu'on s'occupe de réformer un monastère, c'est qu'une partie au moins de ses membres sont devenus infidèles à leur devoir.

Ici rien de semblable. L'abbé et les moines sont *unanimes* pour demander un chef, *pastorem*, qui procure au milieu d'eux, la gloire de Dieu et le salut de leurs âmes ; *ad honorem Dei et salutem animarum suarum*. Mais ils ne voient personne parmi eux qui puisse remplacer l'abbé démissionnaire.

Et alors, d'une voix unanime, *una fuit capituli illius vox, unanimis in præsentiâ nostrâ consensus et electio*, ils prient leur évêque de leur obtenir un Père, *Pater*, du monastère de Saint-Victor de Paris.

Mais ils ne parlent pas de réforme ; car ils n'en ont pas besoin. Ils ne demandent pas l'affiliation à Saint-

Victor ; ils ne demandent qu'un seul religieux, un *Père*, un abbé; comme l'ont fait, de tout temps, tous les monastères, pour avoir un chef capable, tout en conservant leur autonomie.

Et pourquoi s'adressent-ils à l'Evêque ? C'est parce qu'ils ne connaissent personne à Saint-Victor, tandis que cette abbaye est familière à l'Ordinaire du lieu et qu'il connaît la valeur de chacun de ses religieux : *locus ille vobis familiaris et religio personarum.*

Ils recevront avec reconnaissance le *religieux de Saint-Victor, quelqu'il soit*, dont l'évêque aura fait le choix.

La Lettre pouvait-elle indiquer plus clairement qu'il ne s'agissait ni d'une réforme, ni d'une affiliation à Saint-Victor, mais uniquement de la demande d'une personne, *personam*, capable de remplir les fonctions abbatiales ?

Où est donc la *réforme victorine appelée à cor et à cri ?*

Où est la *réforme accueillie à bras ouverts ?*

M. Misset ne peut pas même nous dire si l'évêque de Paris a transmis à Saint-Victor la demande de Geoffroy, ni si Saint-Victor y a répondu favorablement. Aucun document ne nous renseigne à ce sujet.

Ce que nous pouvons dire avec certitude, c'est que l'abbaye de Sainte-Marie de Vertus ne figure, pas plus que Toussaints, parmi les abbayes affiliées à Saint-Victor, soit à cette époque soit plus tard.

Ce que nous pouvons dire encore, c'est que le *Gallia Christiana* qui cite intégralement la Lettre de Geoffroy, ne dit pas un mot de l'abbé qui aurait été envoyé à Vertus, et il n'est pas non plus question de cet abbé dans les nombreux documents victorins que nous avons pu consulter.

Bien plus, aucun des noms des premiers abbés de Sainte-Marie de Vertus n'a été conservé. *Priorum (abbatum) nomina usque ad Johannem primum periere,* dit le *Gallia.* Or, Jean I^er était abbé de Notre-Dame de Vertus en 1170, c'est-à-dire près de 40 ans après la date de la Lettre de l'Evêque Geoffroy.

Et maintenant nous demandons à tout homme de bonne foi s'il est disposé à souscrire à ce raisonnement dans lequel se résume toute la thèse de M. Misset :

« Vers 1132, sur la demande de l'Evêque de Châlons,
« Saint-Victor a, *peut-être,* envoyé aux Chanoines régu-
« liers de Vertus, un de ses religieux, comme abbé
« capable de les faire avancer dans le chemin de la
« perfection religieuse, selon leur ardent désir. Donc,
« *il est certain* que, vers 1132, les Chanoines réguliers
« de Notre-Dame de Vertus ont adopté la réforme de
« Saint-Victor. Donc, *il est certain* que Toussaints avait
« embrassé auparavant la réforme de Saint Victor,
« parce que l'abbé Eustache qui a conseillé la réforme
« victorine à Epernay (!) a dû l'adopter auparavant à
« Châlons. »

*<br>* *

Après nous avoir foudroyé par cet argument, M. Misset se transporte d'une enjambée, à 300 ans plus tard, à l'époque de la construction de notre Basilique de l'Epine, et il s'écrie :

« Je vous ai prouvé que l'abbaye de Vertus était une
« abbaye victorine « bon teint » !!! Eh bien, il s'en suit
« rigoureusement que l'abbaye de Toussaints était aussi
« victorine « bon teint » !!! Car les deux abbayes étaient

« gouvernées par le même abbé sous Guillaume Brau ou
« Braun qui mourut en 1419, sous Nicolas des Mailles,
« et sous Michel Joly qui mourut en 1461, c'est-à-dire,
« à l'époque de la construction de l'abside, du transept,
« du portail, de la translation de la cure de Melette à
« l'Epine.

« Dites nous, après cela que l'abbaye de Toussaints
« n'était pas victorine et que l'Eglise n'est pas un mo-
« nument victorin ! »

II

Oui, Monsieur Misset, nous le disons et nous le di-
rons, tant que vous ne nous aurez pas apporté des arguments plus sérieux, et plus loyaux, pour nous prouver
que les abbayes de Toussaints et de Vertus ont embrassé
la réforme de Saint-Victor. Et au lieu de vous poser
désormais la question qui a eu le malheur de vous
irriter, parce qu'elle révèle l'inanité de votre thèse, nous
proclamerons au nom de la critique et de l'histoire que :
*Les Chanoines réguliers de l'abbaye de Toussaints n'ont
jamais été victorins, et que jamais les Victorins n'ont
séjourné à l'Epine.*

Vous avez essayé de donner trois preuves du contraire.

Ces trois preuves ne prouvent rien.

La première s'appuie sur un texte du *Gallia Christiana*, commenté et *modifié*, nous ne saurions moins
dire, de manière à faire intervenir *saint Victor*, dont il
ne parle ni directement, ni indirectement.

La seconde fait d'une assemblée générale de tous les
Chanoines réguliers d'une province, tenue à Senlis, une

assemblée exclusivement *victorine* dans le but de faire passer pour victorin l'abbé de Toussaints et autres, sous prétexte qu'ils faisaient partie de cette assemblée.

La troisième fait dire à l'évêque de Châlons, en 1132, ce qu'il ne dit pas, et nous parle de l'existence d'un abbé victorin et d'une abbaye victorine à Vertus, à une époque sur laquelle, d'après le *Gallia* lui-même, aucun renseignement n'est arrivé jusqu'à nous à cet égard. *Nomina periere.* Ce sont les termes dont il se sert.

Que vous reste-t il donc pour appuyer votre affirmation? Rien, Rien, Rien.

### III

Après cet *écrasement*, c'est encore un mot qu'il aime à appliquer aux autres, M. Misset répliquera-t-il encore?

Nous l'avertissons que nous ne tiendrons aucun compte de toute riposte qui s'écartera de la question et qui n'aura pas pour but direct de prouver que *l'abbaye de Toussaints était victorine,* soit en rendant la vie à ses trois preuves, soit en les remplaçant par des preuves nouvelles.

Il faut en finir avec ce système de hors d'œuvre, de violences, de personnalités qu'il se permet d'introduire dans une discussion qui devrait être essentiellement calme et pacifique.

Toute la question est là. Nous n'entendons pas qu'il en sorte désormais; et s'il se dérobe, c'est nous qui aurons le droit de lui reprocher de fuir, et d'abandonner le terrain de la lutte.

Nous le déclarons donc et nous l'affirmons hautement :

Il n'y a jamais eu de victorins ni a Chalons ni a l'Epine. Par conséquent, pas d'espinei victorin ; pas de pélerinage victorin ; pas d'église victorine.

Nous n'entendons nullement, en proclamant cette vérité, amoindrir la gloire de saint Victor. Nous répondons seulement à l'outrecuidance de **M.** Misset qui a voulu nous imposer une croyance nouvelle au nom d'une science de mauvais aloi, et qui n'a pu apporter, à l'appui de son *invention,* que des textes mal traduits ou *modifiés,* ou des interprétations erronées.

Nous pourrions arrêter là notre réfutation. Car, sans les Victorins, toute la thèse de **M.** Misset *s'effondre au milieu d'un immense éclat de rire,* — nous lui empruntons encore cette figure, — et il ne lui reste plus qu'à effacer ce titre pompeux de ses brochures : *Une Eglise de Victorins en Champagne !*

Mais, pour éclairer complètement nos lecteurs, nous examinerons et traiterons de même chacun des autres chapitres de sa deuxième réponse, aussitôt que nous pourrons le faire

Châlons, le 28 août 1904, en la fête de saint Augustin.

Chalons, imp. MARTIN, freres.